CURIEUSES RÉVÉLATIONS

SUR LES

AGENCES DE MARIAGE

PAR

UN ANCIEN AGENT MATRIMONIAL

PRIX : 1 Franc.

PARIS

EN VENTE CHEZ P. TAILLEFER, LIBRAIRE

(SEUL DÉPOSITAIRE)

67, Boulevard Malesherbes, 67

1884

CURIEUSES RÉVÉLATIONS

SUR LES

AGENCES DE MARIAGE

Pièce
8° R
30144

ROUEN. — IMPRIMERIE NOUVELLE, RUE DE LA VICOMTÉ, 75. — L. TABOUILLOT.

CURIEUSES RÉVÉLATIONS

SUR LES

AGENCES DE MARIAGE

PAR

UN ANCIEN AGENT MATRIMONIAL

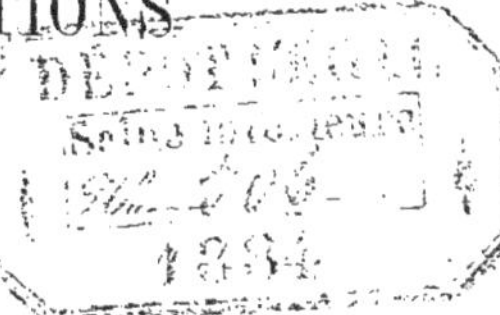

PRIX : **1** Franc.

PARIS

EN VENTE CHEZ P. TAILLEFER, LIBRAIRE

(SEUL DÉPOSITAIRE)

67, Boulevard Malesherbes, 67

1884

(Tous droits réservés.)

Avons-nous raison de céder à l'entraînement qui
nous pousse à nous occuper, à l'heure qu'il est, de cette
délicate question des mariages « *à la réclame* », et
tâcher de mettre le public en garde contre les agissements d'une catégorie d'industriels sans scrupule, et
qui, sous l'apparence d'annonces plus ou moins pom-
peuses, n'ont d'autre but que l'escroquerie?

En tous cas, nous aurons le courage de notre franchise,
et si nous n'avons le bonheur de faire disparaître certaines agences interlopes qui pullulent dans notre
capitale, nous aurons du moins la satisfaction d'avoir
mis le public au courant de leurs agissements éhontés.
A lui de ne pas se laisser duper.

Nous recommandons à la bienveillante sollicitude de
nos lecteurs les renseignements qui suivent. Nous
sommes persuadé qu'ils nous sauront gré de leur avoir:
aux uns, enlevé quelques illusions chimériques; aux
autres, empêché de tomber dans des pièges grossiers,

tendus par des gens, qui, sous la menace du scandale et avec le prétexte d'unions imaginaires, les auraient exploités indignement.

— N'oubliez pas que pour trouver, dans cet acte sublime du mariage, la félicité et le bonheur durables, il est essentiel de rencontrer d'abord, et premièrement, une sympathie mutuelle et une communauté d'idées, sans quoi les joies du foyer domestique ne sont qu'une vaine illusion. Et sans vouloir prétendre ici que la fortune constitue le bonheur, nous dirons que l'égalité sociale est le plus souvent la base de cette communauté de sentiments.

Tenez-vous en garde contre ces annonces trompeuses vous promettant des honnêtes et jolies femmes avec des dots non moins alléchantes. Sachez une bonne fois que, si vous n'avez pas de fortune, vous ne sauriez prétendre à un riche parti, par ce fait que l'ambition est la plus terrible des passions humaines, qui se développe avec autant d'énergie chez la femme déjà riche que chez l'homme déshérité de la fortune.

Défiez-vous surtout des offres de partis riches, mais forcés de faire une concession sur la position du futur par suite de « *taches de famille.* » Cette vieille chanson cache un but inavouable.

Dites-vous bien aussi que, parmi les hommes riches, il y en a également qui ont de ces fameuses taches de famille, et que suivant un vieil adage : « qui se ressemble s'assemble; » que par conséquent, dans notre siècle de décadence où l'Amour, dont parle Michelet, ne compte que pour la forme dans le mariage, on fait en sorte d'unir, non pas deux cœurs, mais deux fortunes autant que possible.

Bien souvent, des écrivains, devant le talent desquels nous nous inclinons, ont essayé de faire connaître au public l'organisation de ces officines s'affublant du titre d'*Agences Matrimoniales*, mais n'ont atteint qu'imparfaitement leur but en lui donnant des descriptions fantaisistes, et cela, parce que les rouages de ces administrations sont si variés et si compliqués, qu'il faut avoir la patience et la persévérance que nous avons eues pour en suivre tous les détails.

Nous n'avons pas la prétention d'être infaillible, et c'est à dessein que nous serons incomplet. Car si nous voulions publier tous les renseignements d'une véracité indiscutable que nous avons recueillis sur cette question, nous provoquerions un des plus grands scandales de notre époque.

En publiant cet opuscule, sans chercher à faire des phrases, nous n'avons d'autre ambition que celle de signaler de honteux trafics à la réprobation de tous les honnêtes gens. Nos renseignements auront du moins le mérite d'être d'une rigoureuse exactitude, chacun pourra en faire l'expérience par lui-même et contrôler ainsi nos assertions.

Les faits que nous allons exposer sont puisés dans des documents que le hasard a mis en notre possession, documents qui, joints à nos informations particulières et recueillies dans une vingtaine d'agences de mariage, constituent des preuves plus que suffisantes pour démontrer la véracité de nos affirmations. Nos lecteurs jugeront.

Sans vouloir apporter dans cette question aucune animosité personnelle, il nous sera bien permis de trouver étrange qu'en plein XIXe siècle on trouve encore des gens assez naïfs pour ajouter foi à ces grossières balourdises qu'une bande de fripons fait insérer à la quatrième page des journaux. Il nous semble, cependant, qu'il suffit d'ouvrir la première gazette venue et de jeter un coup d'œil sur les « Faits Divers » pour être édifié sur le compte de ces chevaliers d'industrie. Tous les jours on avertit le public et tous les jours il se laisse pincer.

Mais au-dessus du public, c'est-à-dire au-dessus de la société, il y a, ce nous semble, la justice pour protéger l'honnête homme et châtier celui qui exploite cet honnête homme.

C'est donc avec une profonde tristesse que nous voyons s'étaler au grand jour et au nez de la police, comme pour la narguer — et que l'on serait tenté de croire complice — ces officines infectes, ces coupe-gorges moraux, ces guet-apens monstrueux, cent fois plus redoutables que les détrousseurs de grande route et qui ont pour titre : Agences matrimoniales, Bureaux de placement, Maisons d'achat de Reconnaissances du Mont-de-Piété, et certains prêteurs d'argent sur garantie, pour ne pas dire usuriers, sans en excepter les magné-tiseurs-somnambules toujours *extra lucides* et autres détrousseurs de cabinet.

Nous essaierons peut-être un jour, si nous nous sentons l'appui de l'opinion publique, à faire fermer boutique à quelques imposteurs qui passent leur vie à exploiter le pauvre monde avec un charlatanisme révoltant.

Mais ne nous attardons pas plus longtemps sur ces considérations, et examinons en détail l'organisation de ces agences dites de mariage, mais qui n'ont jamais marié personne.

Et d'abord, procédons par ordre.

Vous êtes célibataire ou veuf, cela importe peu ; vous avez l'intention de prendre femme, et parmi vos relations vous ne voyez personne qui puisse vous convenir.

— Tant qu'à prendre une femme, vous dites-vous, si j'en trouvais une riche, cela ferait bien mon affaire. »

Cette réflexion vous est suggérée par la petite annonce suivante que vous avez lue à la quatrième page d'un journal quelconque :

« A marier : jolie demoiselle, 23 ans, dot 800,000 fr.,
« mais ayant tache de famille, avec monsieur sans
« fortune ; jeune veuve sans enfants, 400,000 fr. et
« espérances ; fille naturelle, 22 ans, très riche, épou-
« serait employé ou commerçant. — Ecrire poste
« restante, etc. »

2.

Comme en somme il n'en coûte qu'un timbre de 15 centimes. pour « essayer » vous vous décidez après bien des hésitations — votre première impression ayant été que cette annonce était une « blague » — à demander des renseignements sur la personne qui paraît vous convenir.

Soyez assuré que vous n'attendrez pas longtemps, et vingt-quatre heures après la mise à la poste de votre correspondance, vous recevez la lettre suivante, qui peut varier quelquefois dans la forme, mais qui est toujours la même quant au fond :

Monsieur,

En réponse à votre honorée de ce jour, adressée poste restante, j'ai l'honneur de vous informer que je suis chargé du mariage de la personne qui fait l'objet de votre lettre, et que je suis tout disposé à faire des démarches en votre faveur.

Cette personne constitue un excellent parti sous tous les rapports et bien digne d'un homme sérieux et intelligent ; elle est charmante en tous points, très bien élevée et possède beaucoup de qualités qui méritent d'être appréciées. Elle est en outre très intelligente et a reçu une instruction soignée. L'âge et la fortune sont conformes à l'annonce que vous avez lue.

Au physique elle est jolie personne, de taille moyenne, bien faite, cheveux châtains, distinguée, élégante.

Malgré cela, ses goûts sont simples, et elle ne recherche nullement la fortune, et j'ai tout lieu de croire que vous serez agréé.

Par la même occasion, je vous marque les conditions de ma maison auxquelles il est indispensable de se conformer en tous points avant toute démarche de ma part: vous avez à m'adresser dans votre première lettre un mandat-poste de 50 fr. (nous avons établi le chiffre moyen sur 17 agences) pour frais de bureau, demandes de renseignements, etc., en outre vous aurez à payer après le mariage une commission de 5 p. 100 sur la dot de la personne que vous épouserez par mon entremise.

Cette somme de 50 fr. est le seul débours que vous ayez à faire avant le mariage, et lors même que ce premier projet ne se réaliserait pas pour un motif quelconque, j'aurai bien d'autres partis aussi avantageux à vous offrir sans aucun nouveau débours de votre part.

Aussitôt que j'aurai reçu votre réponse, je commencerai les démarches nécessaires pour arriver, je l'espère, à un bon résultat.

Vous pouvez être assuré, Monsieur, que je ferai tout le possible pour vous être utile et agréable en cette occasion.

Dans l'espoir de vous lire sous peu,

Recevez, etc.

Avons-nous besoin d'ajouter que cettte missive produit presque toujours son effet, et si l'on hésite pendant quelques jours, on finit bien par envoyer les 50 francs demandés, dans le cas bien entendu où l'on est réellement décidé à se marier.

« — Puisqu'il a tant de femmes, ce monsieur, vous dites-vous, il en aura bien une pour moi, quand le diable y serait, d'autant plus que je n'ai de commission à payer qu'après le mariage. »

(Entre parenthèse, nous dirons que beaucoup de personnes se figurent qu'il suffit de rentrer dans une agence matrimoniale pour voir surgir tout-à-coup, d'un cabinet noir, toute une légion de jolies femmes qui attendent, avec leurs millions dans des caisses, qu'un époux embarrassé vienne se présenter.)

Et bercé par cette passagère illusion, il vous semble palper déjà ces millions promis, et contempler avec bonheur cette épouse dont le portrait si flatteur qui vous a été fait ne saurait évidemment vous donner qu'une bien faible idée. Vous faites déjà des projets d'avenir, il y en a même qui se préoccupent beaucoup de l'habit qu'il faudra endosser le jour de la première entrevue avec la riche millionnaire.

Vous envoyez vos 50 francs, et dans vingt-quatre heures, réception de votre envoi vous est accusé, avec l'assurance que « les démarches nécessaires » vont commencer immédiatement.

En général, vous attendez huit jours sans recevoir de nouvelles, et voici un échantillon de la troisième prosodie de votre correspondant, qui reste, celle-là, toujours invariable.

Monsieur,

La réponse que je viens de recevoir à l'instant au sujet de la personne qui nous occupe n'est guère encourageante pour moi ; car malgré mes nombreuses démarches et celles de mes intermédiaires, il m'a été impossible de réussir de ce premier côté.

Immédiatement, je commence de nouvelles démarches auprès d'un parti identique au premier, et sur lequel j'ai déjà les meilleurs renseignements.

Dès que j'aurai reçu la réponse, je m'empresserai de vous en aviser.

Comptez, Monsieur, sur tous mes efforts pour vous aider à vous faire réaliser votre projet le plus tôt possible.

Dans cet espoir, recevez, etc.

Au reçu de cette lettre, vous êtes bien un peu désorienté, mais en somme votre consciencieux marieur s'est occupé de vous, ou du moins il vous le laisse croire; vous en concluez qu'un autre a été plus heureux que vous, et vous espérez de nouveau.

Pendant un mois ou deux, vous recevez de temps en temps une nouvelle lettre vous annonçant toujours le même insuccès et vous exprimant les mêmes regrets.

A entendre les directeurs des Agences de mariage, on dirait qu'ils ont sué sang et eau pour arriver à un si piteux résultat, et qu'ils ont fait des démarches à ne plus en finir.

Et si vous vous plaignez de cette façon d'agir, si vous vous permettez de leur rappeler leurs promesses, ces Agences vous répondent « qu'elles ont fait tout leur possible, et qu'elles sont les premières victimes puisqu'elles ont fait des frais et qu'elles ne toucheront pas leur commission. »

Cet argument paraîtrait admissible si nous ne savions qu'il n'est qu'une feinte.

En effet, peu à peu, elles vous négligent pour finir par vous délaisser tout à fait. C'est alors que vous jurez, mais un peu tard, comme dit la fable, qu'on ne vous y prendra plus. Du reste, que faire ? porter plainte à l'autorité ? et sur quoi baser cette plainte s'il vous plaît ? — Vous donnez 50 francs à un brave monsieur pour *tenter* une affaire ; il n'a pas réussi, voilà tout. Vous n'avez rien à réclamer.

Nous savons bien que si la justice était appelée à trancher un différend entre une Agence matrimoniale et une de ses dupes, ce serait cette dernière qui aurait gain de cause, mais on n'aime pas en général à se vanter de ces sortes d'aventures ; on redoute toujours le scandale, et vous préférez faire le sacrifice de votre argent plutôt que vous faire tourner en dérision. Du reste, les Agences de mariage spéculent, en général, sur le scandale, ce qui leur permet d'exercer leur petit trafic impunément.

Et ce qui prouve que, dans ces officines, on se soucie fort peu de vous marier pour toucher la commission, c'est que l'on ne vous demande presque jamais aucun renseignement sur vous ni sur votre famille, ou si l'on vous demande quelque détail sur votre position, ce n'est que pour vous inspirer plus de confiance et vous décider à verser les 50 francs exigés.

Mais, direz-vous, si ces agences ne font pas de mariages, de quoi vivent-elles?

Nous, qui sommes peu parlementaire, dirons qu'elles vivent, en général, d'escroqueries; dans le vocabulaire du métier on dit « provisions ». — Les provisious sont les 50 francs versés d'avance.

Ces agences n'ont d'abord aucun frais, la ruse est leur seul matériel — excepté la publicité. — Elles font généralement deux annonces par semaine qui leur rapportent en moyenne 300 fr. chacune, soit 2,400 fr. par mois ou 25,000 fr. par an. Mettez 5,000 fr. de publicité, ce qui est excessif, et faites la soustraction, vous verrez qu'il est encore plus facile de se créer 20,000 fr. de rente... *sans* faire des mariages qu'en élevant des lapins.

Soyez donc étonné après cela que ces industriels se multiplient tous les jours avec une rapidité d'autant plus effrayante que leur impunité semble assurée d'avance.

Et puis, lecteurs, soyons logique :

— Croyez-vous qu'une femme quelconque, avec ou sans fortune va d'elle-même aller trouver le titulaire d'une de ces officines qui nous occupent et lui dire : « Monsieur, je voudrais bien me marier, cherchez-moi donc un époux ? » Il suffit d'en appeler au bon sens pour faire justice d'une semblable absurdité.

— Croyez-vous peut-être qu'un père et une mère de famille soient obligés pour marier leur fille avec une magnifique dot d'avoir recours à ces agences, tout comme le propriétaire qui veut louer ses appartements, ou le commerçant qui désire céder son fonds ?

Avez-vous oublié que la mauvaise renommée de ces officines est proverbiale ?

Vous seriez père de famille, iriez-vous chercher un gendre dans une agence de mariage ? Et quel gendre !...

***

Nous avons démontré que les agences matrimoniales ne pouvaient pas vous offrir sincèrement de riches partis, parce qu'elles n'en ont que dans leur imagination, et ce qui est plus caractéristique, c'est que les directeurs de ces cabinets borgnes sont généralement célibataires !...

Il faut les entendre parler de leurs *grrrandes* relations, qui s'étendent depuis chcz.... l'épicier jusqu'à chez le troquet du coin.

Nous voulons bien reconnaître cependant qu'il peut arriver *quelquefois* qu'un mariage ait lieu par l'entremise plus ou moins directe d'une agence matrimoniale, et encore il ne faut pas espérer rencontrer des *jeunes, jolies* et *riches* demoiselles. En pareille occurence, l'agent matrimonial n'agit que tout à fait secondairement et pour procurer la contrepartie : les hommes.

Pour ces dames, nous allons voir comment cela se passe.

Il existe de par le monde des « déclassés » une catégorie de femmes qu'il serait bien difficile de préciser à quelle classe sociale elles appartiennent ; il serait peut-être plus juste de dire qu'elles appartiennent à toutes les classes de la société suivant chaque circonstance, car elles ont l'habileté remarquable de se transformer en dames du monde, du demi-monde et du *certain* monde avec une dextérité sans rivale. On les rencontre dans les salons de Mme de X... et dans les cellules de Saint-Lazare.

Ces dames, avec l'espoir de reconquérir une position perdue, sont affiliées à une Agence de Mariage.

Remarquez bien la figure de ces femmes ; c'est le type de la matrone ; elles cumulent du reste les fonctions les plus diverses, et, faut-il le dire, parfois les plus inavouables.

Nous ne ferons pas de difficulté pour assimiler ces intermédiaires aux *proxénètes*.

Si l'on voit malheureusement des jeunes filles de

bonne famille descendre au dernier degré de l'abjection, soyez assuré que ces matrones y sont pour quelque chose. Nous pourrions citer des exemples, avec des noms à l'appui, de l'influence néfaste de ces femmes sur l'imagination de pauvres enfants aujourd'hui perdues à jamais.

Ces dames ont conservé quelques relations qu'elles ont eues jadis et comptent un peu là-dessus pour exercer leur petit trafic.

Du reste, elles ont un aplomb imperturbable pour entrer en relations avec des personnes vivant généralement dans la solitude.

Après une ou deux entrevues avec ces dernières, elles les invitent à venir les voir, dans leur appartement (qu'elles tiennent du reste avec un soin méticuleux), histoire de causer un brin. Après une visite, on en fait deux... on se les rend... et voilà un nouveau *capital* à exploiter. Ces dames parlent mariage,... argent,... chacune exprime ses goûts, avance le chiffre de sa fortune.

Quand notre adroite entremetteuse (qu'on veuille bien nous passer cette qualification, qui rend le mieux notre pensée) a fini par captiver la confiance et les bonnes grâces de sa nouvelle amie, qu'elle s'est renseignée à peu près sur sa position de fortune tout en étudiant superficiellement ses goûts, elle tâte le terrain en vue d'un mariage avec « un ami qu'elle n'a pas vu depuis longtemps, mais qui lui a promis une visite dans quelques jours ».

Il est sous-entendu que cet ami est tout aussi imagi-

naire que les riches demoiselles que les agences annoncent dans leurs réclames, mais il n'y a rien de perdu, et aussitôt le départ de l'amie notre commère s'empresse d'aller trouver le directeur de l'agence avec laquelle elle est associée, et celui-ci voit immédiatement si dans son répertoire, toujours très nombreux du reste, ne se trouverait pas un « candidat » susceptible de convenir.

Dans le cas affirmatif, il met son client en relation directe avec l'entremetteuse.

Cette sorte de première entrée en scène ne constitue pas le côté le moins typique des Agences de mariage; elle a lieu, la plupart du temps, dans un square quelconque, dans une église, voire même dans les pas perdus d'une gare. Il peut arriver cependant que notre marieuse vous reçoive, pour mieux vous contempler d'abord, dans son salon. — Alors, elle vous toise, vous examine des pieds à la tête avec un dédain qui vous ferait sourire s'il ne vous faisait pitié; elle vous parle de son « amie d'enfance (*sic*), de ses qualités inappréciables, et vous la présente comme le *nec plus ultra* de la perfection. Si vous adoptez, en principe, le parti qui vous est offert, et que *votre position soit analogue à celle de l'amie en question,* vous êtes invité à venir passer quelques soirées auxquelles ladite amie est également invitée. — La plus grande réserve est recommandée au candidat, qui doit n'agir qu'avec beaucoup de philosophie; il sait, du reste, que ses deniers sont en jeu, car en recevant l'invitation qui lui a procuré le plaisir ou le déplaisir de voir l'objet de ses rêves, il a dû signer le petit papier timbré que voici :

« Je soussigné constate et reconnais ne connaître en
« aucune façon M.... X..., ni personne qui me puisse
« mettre en rapport avec elle, et m'engage à payer la
« somme de......, à Monsieur Z..., si par suite de sa
« présentation directe ou indirecte, j'épouse cette per-
« sonne. Ce paiement aura lieu de la manière suivante :
« La moitié, la veille du mariage à la Mairie, et le
« restant en billets à ordre, payables à 90 jours, lesquels
« seront échangés contre le présent engagement. »
« Fait à, etc.

En outre de cela, votre nouvelle hôtesse a toujours
envie de quelque bagatelle, et, en homme galant, vous
vous exécutez. Il est vrai que votre mariage ne fait pas
un pas, mais que votre bourse se vide.

Et le résultat final, direz-vous? — Il n'y en a que
rarement de résultat final; car si vous vouliez écouter
votre protectrice, elle vous amuserait avec la promesse
de partis encore meilleurs, et vous finiriez par vous
ruiner.

Est-il besoin d'ajouter que beaucoup préfèrent re-
noncer à tenter l'expérience plutôt que de jouer toute
cette comédie? Et puis après? Admettons qu'à force de
persévérance vous arriviez à vous marier par ce singulier procédé. Ne vous voyez-vous pas obligé de
partager l'existence avec une épouse à qui vous devez
cacher les moyens que vous avez employés pour la pos-
séder? Ne voyez-vous pas sa légitime indignation en
apprenant que c'est une Agence de mariage qui a été
fouiller dans ses pensées les plus intimes, et que vous

n'aviez en vue qu'une odieuse spéculation ? N'entendez-vous pas les reproches amers de votre épouse sur votre conduite au moins suspecte dans une circonstance qui ne réclame que de la franchise ? Croyez-vous que la vie en commun est possible après de semblables révélations ?

Nous avons vu que les femmes ne se recrutaient pas comme les hommes par la publicité; cependant il arrive quelquefois que les Agences de mariage, sollicitées par un client pressé, tentent un « grand coup » et font des insertions pour son compte personnel.

Nous avons entre nos mains des milliers de lettres de femmes, lettres écrites aux Agences à la suite de ces sortes d'offres, mais nous pouvons affirmer que jamais une femme ayant la moindre dot ne s'est présentée. — Dans le nombre considérable de ces lettres que nous avons, nous remarquons que les institutrices y figurent pour les neuf dixièmes. — Nous nous contentons de livrer ces chiffres aux moralistes.

A titre de curiosité nous publions ci-après deux lettres prises au hasard dans le tas et adressées à une Agence matrimoniale en réponse à l'annonce suivante qu'elle avait faite insérer dans un journal.

« **(Très sérieux.)** — Monsieur, veuf, sans enfants,
« honorable, 35 ans, ayant 6,000 fr. de rente, épouserait
« demoiselle ou veuve sans enfants, âge et fortune en
« rapport. — Ecrire poste restante, etc. »

Voici ces deux lettres :

Monsieur,

Vous répondre, n'est-ce par s'exposer à être impitoyablement raillée ; car, en dépit de ces mots « très-sérieux, » peut-être n'est-ce là qu'une mystification. Vous aurez voulu savoir combien seraient assez naïves ou assez confiantes pour ajouter foi à ces quelques lignes ; moi aussi, je serais curieuse de connaître le nombre d'autographes que vous recevrez et surtout *quelles* sont celles qui les écriront. La pensée que ma lettre puisse se trouver confondue avec certaines autres me fait rougir et m'humilie profondément. Je suis tentée de m'arrêter, mais j'espère que vous serez assez clairvoyant pour faire des distinctions et ne pas juger sévèrement ce qui n'est qu'une inqualifiable étourderie jointe à une excessive curiosité.

Oui, je l'avoue, je suis curieuse de connaître celui qui, se détournant des sentiers battus, a recours à ce singulier procédé. Laissez-moi vous dire d'abord que je le tiens pour honorable et bien élevé. Voilà qui me justifie à mes propres yeux.

Maintenant, je reprends et veux bien considérer votre proposition comme sérieuse, alors je vous dirai : Croyez-vous que les rapports d'âge et de position soient les seuls qu'on doive considérer ? Constituent-ils une garantie de bonheur ?

N'y a-t-il pas aussi et surtout cette sympathie mutuelle résultant de la communauté de pensées et de sentiments qui s'établit entre certains esprits ; mais qui ne saurait jamais s'imposer ?

Quelles sont vos idées sur le mariage ? Le regardez-vous comme un lien indissoluble et sacré ?

Est-ce une compagne aimante et dévouée que vous cherchez ? Une amie qui sache partager la bonne et la mauvaise fortune ? N'avez-vous donc près de vous ni mère, ni sœur, ou ont-elles abdiqué la douce prérogative qu'elles se réservent et dont elles usent parfois d'une façon un peu tyrannique : choisir une femme à celui qu'elles aiment ?

Quelles sont vos occupations préférées ?

Le lieu de votre résidence ?

Aimez-vous le monde ou la solitude ?

Peut-être vais-je finir par vous paraître indiscrète; mais n'ai-je pas un peu le droit de vous adresser toutes ces questions, et puis-je espérer que vous y répondrez avec la plus complète sincérité? En revanche, je vous accorderai le droit de m'en adresser quelques autres. Cependant il en est une qu'il faut résoudre de suite, elle est peut-être capitale pour vous, tandis que moi je la considère comme tout à fait secondaire, c'est la fortune; je suis présentement beaucoup moins riche que vous, peut-être un jour le serai-je beaucoup plus (c'est très vague), mais si cette question vous touche beaucoup, brisons-là, car nous ne nous entendrions jamais.

Plus jeune que vous, je n'ai pas encore été assez heureuse pour rencontrer celui que j'aurais pu aimer. Quelques-uns m'ont paru n'attacher de prix qu'à l'argent, alors j'ai détourné la tête avec dégoût. D'autres, mais chut! A votre tour maintenant. Qu'il vous suffise de savoir que j'ai encore la prétention d'être aimée pour moi-même.

Et maintenant, si après avoir lu cette lettre, vous pensez devoir y répondre. Voici l'adresse :

. . . .

Agréez, Monsieur, l'expression de mes sentiments distingués.

M. M.

Monsieur,

J'habite Paris depuis quelques années; ayant perdu ma fortune à la suite de mauvais placements, je n'ai à vous offrir qu'un cœur neuf, quelques milliers de francs, une bonne éducation et une famille respectable.

Je dois ajouter que, munie du brevet d'institutrice, j'ai exercé pendant plusieurs années.

Tout ceci est un bien faible appât pour les hommes de nos jours qui ne recherchent, en général, que l'argent, sans se soucier des qualités personnelles.

A mon avis, une femme d'intérieur qui a de l'ordre et de l'éco
nomie porte bien sa dot avec elle et vaut mieux qu'une pimbêche,
qui en peu de temps a bien vite dissipé la cote-part qu'elle a pu
apporter au foyer domestique.

Si cela peut vous suffire, Monsieur, je ferai volontiers votre
connaissance.

Ayez l'obligeance de me répondre, au plus tôt, à l'adresse ci-
jointe...........

M. C.

Et maintenant nous n'ajouterons que quelques mots.

Si vous voulez ne pas vous marier, adressez-vous à
une Agence de mariage.

Et ce que nous vous souhaitons surtout, c'est que
vous ne vous laissiez pas mettre au nombre considérable des « gogos », car il ne vous resterait ensuite
d'autre ressource que celle de vous écrier avec un accent
de légitime indignation :

« Balayez-moi donc tous ces gens-là !... »

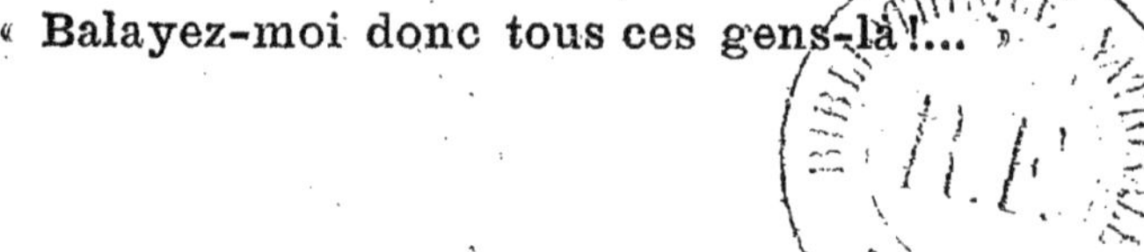

www.ingramcontent.com/pod-product-compliance
Ingram Content Group UK Ltd.
Pitfield, Milton Keynes, MK11 3LW, UK
UKHW022247070726
13613UKWH00005B/2151